Domaine
Joly-De Lotbinière

Texte de Hélène Leclerc

Photographies de Louise Tanguay

FIDES

ASSOCIATION DES
JARDINS
DU QUÉBEC

Hélène Leclerc remercie Monique Leclerc, Pierre Boucher, Dave Demers, Tony L. Bouffard et François Leclerc pour leur contribution à la réalisation de ce guide.

Louise Tanguay remercie l'équipe du laboratoire de photographie Boréalis pour la qualité de son travail et pour son soutien financier.

Le soutien du ministère de l'Agriculture, des Pêcheries et de l'Alimentation, en la personne du ministre, M. Maxime Arseneau, de son prédécesseur, M. Rémy Trudel, et du sous-ministre, M. Jacques Landry, a permis à cette collection consacrée aux jardins publics du Québec de voir le jour. Le soutien du ministère de l'Environnement du Québec, en la personne du ministre, M. André Boisclair, a également été essentiel à la publication du présent guide.

La persévérance d'Alexander Reford, directeur des Jardins de Métis, et celle de Denis Messier, du Domaine Mackenzie-King, ont également été essentielles à cette entreprise de mise en valeur du patrimoine horticole québécois.

Maquette : Louise Tanguay, Gianni Caccia, Bruno Lamoureux
Photographie de la page couverture : Louise Tanguay
Numérisation des illustrations : Studio Colour Group

Données de catalogage avant publication (Canada)
Leclerc, Hélène, 1958-
Domaine Joly-De Lotbinière
(Les guides des jardins du Québec)
Comprend des réf. bibliogr. et un index.
Publ. en collab. avec : Association des jardins du Québec.

ISBN 2-7621-2355-0

1. Domaine Joly-De Lotbinière (Sainte-Croix, Québec). 2. Jardins – Québec (Province) – Sainte-Croix. 3. Domaine Joly-De Lotbinière (Sainte-Croix, Québec) – Ouvrages illustrés. I. Tanguay, Louise. II. Association des jardins du Québec. III. Titre. IV. Collection : Guides des jardins du Québec.

SB466.C33D65 2002   712'.5'0971458   C00-942317-8

Dépôt légal : 1er semestre 2002
Bibliothèque nationale du Québec
© Éditions Fides, 2002

Les Éditions Fides remercient le ministère du Patrimoine canadien du soutien qui leur est accordé dans le cadre du Programme d'aide au développement de l'industrie de l'édition. Les Éditions Fides remercient également le Conseil des Arts du Canada et la Société de développement des entreprises culturelles du Québec (SODEC). Les Éditions Fides bénéficient du Programme de crédit d'impôt pour l'édition de livres du Gouvernement du Québec, géré par la SODEC.

Imprimé au Canada

Table des matières

Planter avec soin,
cultiver avec persévérance.

Henri-Gustave Joly de Lotbinière

Introduction

C'est en consultant des documents anciens que j'ai découvert, sur un papier jauni par les siècles, une mystérieuse et imposante signature : *Chartier de Lotbinière*. Sans vraiment savoir où cela me mènerait, mais piquée par la curiosité, j'ai alors entrepris des recherches : je voulais tout connaître de la vie des seigneurs de Lotbinière. Ces recherches m'ont conduite jusqu'à leur ancien domaine de Pointe Platon. Aujourd'hui, je sais que, de toutes mes découvertes, celle-ci fut la première en importance, la seconde ayant été ma rencontre avec l'œuvre de sir Henri, sixième seigneur de Lotbinière. Cet homme honnête, sage, charitable et passionné, que tous appréciaient pour sa noblesse d'âme, ne fut pas seulement premier ministre du Québec, mais est aussi considéré comme le père de l'arboriculture au Canada.

Dès ma première visite au Domaine, j'ai eu le coup de foudre pour ce site d'une rare beauté. Des arbres centenaires semblant toucher le ciel, une maison de dentelle habitée par l'histoire, une ambiance romantique digne du XIXe siècle ; tout me touchait, tout m'interpellait. Je devinais la présence des hommes et des femmes qui nous ont laissé en héritage ce magnifique jardin.

◁ *Feuillage de noyer noir (Juglans nigra), l'arbre emblème du Domaine.*

◁ *Pages précédentes : portail d'entrée.*

Les fruits du noyer noir. La noix se trouve à l'intérieur du brou, cette odorante enveloppe verte dont la chair tache fortement.

Dès lors, les fins de semaine, pour le plaisir, j'ai pris l'habitude de venir m'asseoir sur les marches de l'escalier de la Maison, au cœur de ce qui était alors une propriété du gouvernement du Québec où venaient flâner quelques marcheurs. Je revois encore leur surprise quand je leur offrais de partager avec eux l'histoire des lieux et des membres de la famille de Lotbinière. Le bonheur que j'éprouvais à animer ces visites est resté le même aujourd'hui, après plus de vingt ans. Les différents organismes à but non lucratif qui ont pris en charge le Domaine m'en ont ensuite confié la direction. À ce titre, voilà maintenant dix-neuf ans que je travaille avec tous les membres de l'équipe à la sauvegarde, à la reconnaissance et à la mise en valeur de ce joyau de notre patrimoine national.

Aidée par les magnifiques photos de mon amie Louise Tanguay, je désire vous raconter l'histoire de ce jardin et partager avec vous la passion qu'il m'inspire. Souhaitons que la lecture de ce petit livre vous incite à venir découvrir sur place, à l'ombre des grands arbres centenaires, le charme, la beauté et la quiétude du domaine que nous a légué la famille Joly de Lotbinière.

Hélène Leclerc,
directrice du Domaine Joly-De Lotbinière

Un lieu accueillant et invitant

La découverte de vestiges ar-
chéologiques démontre qu'il
y a environ 2500 ans les Amérindiens habitaient déjà la pointe. Ce
lieu stratégique par excellence leur
permettait de voir venir, de l'est
comme de l'ouest, les embarcations
sur le fleuve. Ces peuples nomades
étaient également attirés par l'abondance du gibier dans les forêts avoi-
sinantes et par la proximité des eaux
poissonneuses du fleuve. Leurs
tentes, adossées à la falaise et dis-
tantes de quelques mètres seulement
de la plage, étaient de plus protégées
des vents dominants. Pendant plusieurs centaines de générations, les
Amérindiens viendront ainsi profiter des précieux avantages de ce lieu.

Les premiers explorateurs découvrent la pointe

En 1535, Jacques Cartier remonte le
fleuve Saint-Laurent. Il écrit dans
ses *Relations* que, tout au long du
voyage, il voit sur les rives un grand
nombre de maisons habitées par
des gens qui «font grande pesche-
rye de tous bons poissons selon les
saisons». Le «disneufviesme jour
dudit moys de septembre», ses
hommes et lui s'immobilisent à
l'ouest de la pointe, vis-à-vis le village amérindien d'Achelacy. Venu à
leur rencontre, et sachant que le
fleuve a ses caprices et qu'il vaut
mieux faire connaître ses humeurs,
un «grand seigneur dudit pays»
leur explique en «ung grand ser-

De Saincte Croix à Pointe Platon

Dans les récits de son voyage effectué en 1603, Champlain raconte qu'il accoste avec ses compagnons à ce qu'ils croient être Saincte Croix, endroit où Cartier et ses hommes auraient hiverné en 1535-1536. Quelques décennies plus tard, en 1637, au moment où la seigneurie du Platon dit de Sainte-Croix est concédée, l'endroit est nommé « Platon Sainte-Croix ». Cette appellation fait référence aux plateaux ou platons, « endroit plat sur les écors », qui forment la pointe. Puis, en 1815,

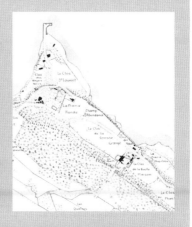

apparaît pour la première fois le toponyme « Pointe du Platon » qui, en 1851, devient « Pointe Platon ».

---

mon [...] par signes evidens avecq les mains et aultres serymonyes » qu'un peu plus haut le fleuve se rétrécit avec de forts courants et « tant de pierres que d'autres choses » qu'il devient « fort dangereulx » d'y naviguer.

« Le pays va de plus en plus en embellissant »

Quelques décennies plus tard, lors du premier voyage de Champlain, le navigateur et ses hommes trouvent la berge du fleuve « fort aggreable tant pour les bois, vignes & habitations ». Le 23 juin 1603, ils s'arrêtent à la pointe et Champlain décrit les lieux :

> Nous vinsmes mouiller l'ancre jusques à Saincte Croix, distante de Quebec de quinze lieuës ; c'est une poincte basse, qui va en haulsant des deux costez. Le pays est beau et uny, et les terres meilleures qu'en lieu que j'eusse veu, avec quantité de bois, mais fort peu de sapins et cyprés.

Il s'y trouve en quantité des vignes, poires, noysettes, cerises, groiselles rouges et vertes, et de certaines petites racines de la grosseur d'une petite noix ressemblant au goust comme truffes, qui sont trésbonnes roties et bouillies. Toute ceste terre est noire, sans aucuns rochers, sinon qu'il y a grande quantité d'ardoise ; elle est fort tendre, et si elle estoit bien cultivée, elle seroit de bon rapport.

La seigneurie du Platon dit de Sainte-Croix

En 1637, la seigneurie du Platon dit de Sainte-Croix est concédée aux Ursulines de Québec. À ce moment, devant la menace constante des attaques iroquoises, peu de colons sont enclins à venir s'installer sur la rive sud. Il faudra attendre le début de l'année 1683 pour que s'y établissent les premières familles. Au début du XVIIIe siècle, plusieurs familles habitent les lieux et se partagent ainsi les terres du Platon.

La seigneurie de Lotbinière

En 1672, les terres situées à l'ouest du Platon Sainte-Croix sont concédées en seigneurie à René-Louis Chartier de Lotbinière. Désireux de conserver ses hautes fonctions auprès du gouvernement de la Nouvelle-France, il confie la gérance de la seigneurie — administration et concession des terres — à un régisseur. Ce mode de gestion se perpétue de père en fils dans la famille des seigneurs de Lotbinière, et ce, pendant cinq générations, jusqu'en 1821.

En 1822, les seigneuries de Lotbinière, de Rigaud et de Vaudreuil, propriétés de la famille seigneuriale, sont laissées en héritage aux trois jeunes filles du seigneur de Lotbinière. Belles, cultivées et intelligentes, ces riches héritières représentent dès lors un beau parti pour les jeunes hommes de bonne famille.

Au sein de la haute société canadienne, on les surnomme « les trois grâces » ou « les trois cannelles » (en raison de la valeur de cette épice à l'époque). Les belles soirées qui se tiennent dans les riches salons de Montréal sont des lieux de rencontre très prisés où sont conviés les meilleurs prétendants de la ville et des étrangers venus en voyage au pays. En 1827, un homme d'affaires français né en Suisse, Pierre-Gustave Joly, s'y fait remarquer. « Fortuné, d'allure aristocratique et de vaste érudition », il devient rapidement l'une des vedettes de ces belles réceptions. C'est à l'occasion de l'une de ces soirées qu'il fait la connaissance de Julie-Christine Chartier de Lotbinière. Après seulement quelques mois de rencontres assidues, il l'épouse en 1828.

Au début de l'année suivante, Julie-Christine, la plus jeune des trois sœurs, hérite par règlement de succession de la seigneurie de Lotbinière. Suivant les conseils avisés de sa mère, elle reste seule propriétaire de la seigneurie par son contrat de mariage en séparation de biens, mais confie à son époux la gestion de toutes les opérations seigneuriales et commerciales de la nouvelle famille.

Peu de temps après, les jeunes époux partent pour l'Europe. Leur premier enfant, Henri-Gustave, naît en France en décembre 1829. Ils seront de retour au pays en 1830.

Les origines du nom *Lotbinière*

Au milieu du XVIe siècle, l'ancêtre Clément Chartier possède deux propriétés en France : une dans le bas Maine connue sous le nom de Binière et une autre dans le Dijonnais nommée Bignières. Comme trop souvent les gens confondent ses deux terres, il décide de les distinguer en ajoutant le préfixe « lot » à celle du bas Maine, à cause des petits poissons de ce nom qui pullulent dans les fossés du château de Binière. D'où le nom de « Lotbinière ».

La famille
Chartier de Lotbinière

Alliée à quelques-unes des grandes familles françaises, tels les Chateaubriand, les La Rochefoucauld et les Polignac, la famille Chartier de Lotbinière est, de toutes les familles qui firent souche en Nouvelle-France, celle dont la lignée est la plus ancienne.

Anoblie par le roi de France au début du XVe siècle, ce n'est pourtant que vers le milieu du XVIe siècle que la famille Chartier ajoute « de Lotbinière » à son nom.

Depuis le XIe siècle, les membres de la famille Chartier occupent des fonctions de haut rang auprès du roi et du royaume de France. Il est donc naturel qu'au moment où la France ouvre sa nouvelle colonie en Amérique au milieu du XVIIe siècle, un membre de la famille Chartier de Lotbinière soit appelé à aider la mère patrie à fonder la Nouvelle-France.

À compter de 1651, et pendant presque deux siècles, les membres de la famille Chartier de Lotbinière occupent au pays d'importants postes administratifs au sein des gouvernements de la Nouvelle-France et du nouveau régime instauré après la Conquête en 1760.

▷ *Julie-Christine Chartier de Lotbinière et son époux, Pierre-Gustave Joly. Au milieu du XIXe siècle, le couple s'installe à la Pointe Platon.*

Un nouveau propriétaire
pour les terres du Platon

Avant de venir au pays et d'épouser la jeune demoiselle de Lotbinière, Pierre-Gustave a parcouru plusieurs pays d'Europe, pour son plaisir et pour les affaires familiales. Doté d'un esprit curieux, et s'intéressant à tout, il note à chaque voyage ses impressions sur des carnets, tantôt en français, tantôt en allemand.

Après un séjour prolongé à Épernay en France (où réside la famille Joly), Pierre-Gustave et sa jeune épouse reviennent au pays en 1830. Julie-Christine ayant confié à son époux avant leur départ les droits de gérance de la seigneurie, celui-ci s'acquitte désormais avec sérieux de son nouveau rôle de seigneur. Projetant d'installer sa famille sur la seigneurie, il loue d'abord une maison à Lotbinière. À ce moment, le couple possède aussi une résidence dans la ville de Québec, ce qui lui permet de bien s'intégrer à la société québécoise.

Lors de ses premières visites à la seigneurie de Lotbinière, Pierre-Gustave remarque le Platon et le décrit comme un site « d'une rare beauté ». Dès lors, il veut se porter acquéreur de ces terres qui sont contiguës à celles de la seigneurie. Les archives de la famille le confirment, lettres et messages à l'appui : pendant de nombreuses années, il négocie avec le censitaire Pierre Legendre, mais ce n'est qu'en 1846 qu'il parvient finalement à une entente qui lui permet de prendre possession des lieux.

La même année, en homme d'affaires accompli, Pierre-Gustave fait construire un premier quai et une maison-hôtel, où habite le gardien du quai. Son aménagement permet désormais l'accostage des bateaux à vapeur, facilitant ainsi les échanges entre les familles qui habitent la région et celles de la ville de Québec.

Pendant près de trente ans, Pierre-Gustave travaillera à établir une saine gestion de la seigneurie et de ses forêts. Dès 1831, il entreprend l'exploitation de la forêt en faisant construire, puis en exploitant, un moulin à scie à l'embouchure de la rivière du Chêne. Plus de cent hommes travaillent pour lui au chantier l'hiver, à la drave au printemps

▽ *Le moulin à scie construit au milieu du XIXe siècle est à l'origine du village de Sainte-Emmelie-de-Leclercville.*

et au moulin pendant la belle saison. Sa production de bois scié est surtout écoulée auprès des gens d'affaires de Québec.

Pierre-Gustave est reconnu comme un seigneur-entrepreneur. Au pays, il diversifie ses activités d'exploitation de la forêt sur la seigneurie et investit dans le secteur des transports. Il s'implique activement dans la fabrication de bateaux à vapeur et dans la construction des chemins de fer. À l'extérieur du pays, il fait des placements à la bourse et possède des intérêts dans l'exploitation de mines de cuivre aux États-Unis. Il a également conservé des intérêts en France, ce qui explique ses fréquents voyages outre-Atlantique.

L'architecture et la nature : le mouvement pittoresque (1830-1870)

France Gagnon Pratte décrit, dans *L'architecture et la nature à Québec au dix-neuvième siècle : les villas*, l'influence du mouvement pittoresque sur l'aménagement de « véritables parcs-jardins le long des falaises qui dominent le Saint-Laurent » :

Les villas sont entourées de boisés et de pelouses, et des jardins plus complets se forment : des plantations exotiques et indigènes sont ponctuées de kiosques, de charmilles, de pavillons et de belvédères. Là où sa demeure s'élevait dans une nature à l'état sauvage, au milieu de vastes forêts, le propriétaire devient artiste-paysagiste. Les approches de la villa se transforment : on y accède maintenant par une longue avenue curviligne et ombragée ; la forêt dense est élaguée pour permettre une percée sur le fleuve ou la campagne ; le petit ruisseau est endigué pour devenir étang ou fontaine ; l'air circule librement tout autour de la demeure et, pour cela, la végétation disparaît en faveur d'un tapis de verdure ponctué par quelques arbres centenaires. La propriété est sillonnée de sentiers de promenade le long desquels s'élèvent belvédères et gazébos qui permettent le repos et attirent l'attention sur le panorama.

Maple House

Au milieu du XIXe siècle, de grands domaines de villégiature s'implantent dans des lieux naturels exceptionnels, situés en banlieue de la ville ou encore à la campagne. Tout comme ces riches

Année après année, derrière la Maison, des dépendances vont venir s'ajouter : le Cottage des serviteurs en 1852, puis la Remise à voitures et le Poulailler, et enfin le Laboratoire. Dans les archives de

propriétaires, la famille Joly subit les influences de ce nouveau courant en aménagement paysager. C'est en 1851 que Pierre-Gustave fait construire à la Pointe Platon la résidence d'été Maple House, laquelle correspond aux exigences architecturales et esthétiques du mouvement pittoresque alors en vogue. On peut dès lors imaginer les membres de la famille et leurs invités découvrant ensemble cette riche nature et admirant les magnifiques paysages qui s'offrent à eux depuis les larges galeries de la Maison, joliment ornées d'une dentelle de feuilles d'érable.

la famille, les écrits de Pierre-Gustave témoignent de son intérêt, d'une part, pour le mouvement des planètes et des marées et, d'autre part, pour les minéraux, les pierres précieuses et les métaux. Fasciné par la chimie, il poursuit toutes sortes d'expériences scientifiques et entretient une curiosité grandissante pour les découvertes technologiques. On s'explique mieux alors la présence d'un petit laboratoire près de la Maison et l'intérêt passionné que Pierre-Gustave portera à l'invention du nouveau procédé photographique qui voit le jour en 1839.

Pierre-Gustave et le daguerréotype

En visite à Paris en 1839, avant d'entreprendre un voyage qui doit le mener en Grèce, en Égypte et en Terre sainte, Pierre-Gustave apprend que l'inventeur Daguerre aurait réussi à créer un appareil qui fixe les images. Curieux et toujours à l'affût des innovations technologiques, il se montre fasciné par ce nouveau procédé photographique et devient l'un des premiers à acquérir un équipement complet pour réaliser des daguerréotypes.

À l'automne de la même année, l'éditeur Lerebours, au courant de sa nouvelle acquisition, lui commande un reportage sur l'expédition qu'il s'apprête à faire. Muni de sa « lampe à esprit », Pierre-Gustave consigne dans son journal de voyage l'inventaire de ses « miroirs à mémoire ». Il fait des images de l'Acropole en Grèce ; du sphinx de Gizeh, de la pyramide de Khéops et des colosses de Memnon en Égypte ; de la ville de Jérusalem et de la mer Morte en Terre sainte ; du temple du soleil et d'autres vues de Baalbek au Liban.

En 1840, l'éditeur Lerebours choisit quelques-uns des daguerréotypes de Pierre-Gustave et les fait réaliser en gravures pour son livre *Excursions daguerriennes*. L'année suivante, à Paris, l'architecte français Hector Horeau publie aussi quelques gravures à partir des images de Pierre-Gustave dans *Panorama d'Égypte et de Nubie*.

Les carnets de notes de Pierre-Gustave nous apprennent qu'il a produit 92 daguerréotypes au cours de ses expéditions. Aujourd'hui, les originaux sont introuvables, mais fort heureusement quelques-unes de ses images ont été reproduites sous forme de gravures et ont été publiées. Dans les archives de la famille, il n'existe aucune note ou document confirmant que Pierre-Gustave a continué à réaliser des daguerréotypes lorsqu'il est revenu au pays.

Sir Henri

1829-1908

Henri-Gustave est le fils aîné de Pierre-Gustave et de Julie-Christine. Il naît en France le 5 décembre 1829. Il revient au pays avec ses parents, mais dès l'âge de sept ans, on le confie à sa grand-mère et à sa grand-tante paternelles qui habitent Paris, afin qu'il fasse ses études à l'Institut Keller et à la Sorbonne, jusqu'en 1849. À son retour, en 1850, il étudie le droit, puis est admis au barreau du Bas-Canada en 1855. Très vite, il s'intéresse aux activités de la seigneurie et s'initie à la sylviculture en expérimentant quelques plantations d'arbres. En mai 1856, il épouse la fille d'un riche commerçant de Québec, protestante tout comme lui, Margaretta Josepha Gowen. Quelques années plus tard, en 1860, Henri-Gustave hérite de la seigneurie de Lotbinière.

Henri-Gustave deviendra une figure politique connue au XIXe siècle. Il occupera les postes de député du comté de Lotbinière au fédéral (1861-1874) et au provincial (1867-1885), de premier ministre du Québec (1878-1879), de ministre du Revenu intérieur dans le cabinet Laurier à Ottawa (1897-1900) et, finalement, il sera nommé lieutenant-gouverneur de la Colombie-Britannique (1900-1906). D'un naturel franc, cet homme de principe est souvent «accusé de naïveté politique et présenté comme un homme trop honnête pour faire de la politique». Pendant toute sa carrière, il est un ardent défenseur de la construction des chemins de fer, de l'agriculture et de la conservation des forêts. En 1888, après le décès de sa mère, dernière représentante des Chartier de Lotbinière, il obtient l'autorisation d'ajouter «de Lotbinière» à son nom de famille. En 1895, en reconnaissance des services qu'il a rendus au pays, la reine Victoria l'élève à la dignité de chevalier commandeur de l'Ordre de Saint-Michel et Saint-Georges, lui conférant ainsi le titre de sir. Il meurt à Québec le 16 novembre 1908, à la veille de ses soixante-dix-neuf ans.

Pour mieux connaître l'homme qui se cache derrière le politicien, on lira avec bonheur ce qu'un de ses collègues, le sénateur Laurent-Olivier David, a écrit sur Henri-Gustave Joly dans le *Courrier de Montréal* du 27 janvier 1875. En voici quelques extraits :

Bonne taille et bonne figure, maintien noble et distingué, chevelure frisée, grisonnante, épaisse moustache, l'air d'un militaire en congé. Orateur aimable, à la parole souple, élégante et facile, polie, originale et caustique, à la répartie fine ; sachant décocher un trait avec habileté, mais retenant toujours à demi la main pour ne pas trop blesser son adversaire. Esprit curieux, vif et bien cultivé, préférant les choses utiles et pratiques aux grandes conceptions, aux théories profondes. Conscience droite et sévère, exempte de préjugés et de faiblesses, inaccessible aux séductions et aux roueries de la politique. Riche, très riche et charitable en proportion, les mains toujours ouvertes pour toutes les misères, toutes les bonnes œuvres. [...] Plus heureux dans ses vastes domaines, au milieu de ses nombreux travailleurs à la main calleuse et au teint bruni par le soleil, que dans les salons parfumés ou la Chambre des députés. [...] M. Joly est sans doute de ceux qui croient que le vrai mérite et la véritable grandeur ne consistent pas à avoir plus de ruse et d'audace que les autres, mais plus de vertu et d'honnêteté.

▽ Sir Henri (à droite), son épouse (au centre) et la nurse (à gauche) entourés des six enfants de la famille.

Le père de l'arboriculture au Canada

Henri-Gustave Joly est un véritable défenseur de la conservation des forêts. Il préconise une gestion responsable et se montre un ardent promoteur du reboisement. Lors d'un débat à l'Assemblée législative, en 1868, il n'hésite pas à rappeler à ses collègues qu'ils « ne légifèrent pas juste pour le présent mais aussi pour les générations futures ».

Sur sa seigneurie, en ne permettant l'abattage que des arbres d'un certain âge et ayant plus de douze pouces (30 cm) de diamètre, il démontre qu'il est possible d'exploiter les ressources forestières tout en favorisant la conservation des forêts.

De retour du Congrès forestier américain de 1889, Henri-Gustave défend, dans son rapport, l'idée qu'il faut cesser de vendre les terres publiques aux individus afin de protéger les forêts. La philosophie qu'il énonce, conjuguée à une gestion contrôlée des ressources, donnera naissance au réseau des parcs québécois en 1895.

Les intérêts d'Henri-Gustave l'amènent à s'impliquer au sein de diverses associations : vice-président de l'Association forestière américaine, directeur de l'Abbotsford Pomological Association, président de la Fruit Growers' Association of Quebec, de la Society for the Re-Wooding of Quebec et de l'Association forestière du Québec, du Conseil d'agriculture de la province de Québec et président-fondateur de la Société d'agriculture du comté de Lotbinière.

Sur les terres de sa seigneurie, il entreprend d'importantes expériences horticoles et arboricoles, de sorte que le Domaine devient rapidement son « jardin d'expériences ». Afin de sensibiliser la population à l'importance de la préservation des forêts, il écrit plusieurs articles de journaux et instaure en 1883 la fête des Arbres.

◁ Sir Henri participant à la fête des Arbres. Désirant sensibiliser les enfants à l'importance de la préservation des forêts, il avait obtenu que le jour de la fête soit un congé scolaire.

▷ Aquarelles tirées des journaux de vacances des enfants de sir Henri.

La vie à Pointe Platon

À la fin du XIXe siècle, les enfants de sir Henri devenus adultes se donnent rendez-vous chaque été, au mois d'août, pour passer leurs vacances à la Pointe Platon. C'est pour eux l'occasion de se retrouver et d'échanger leurs merveilleux souvenirs d'enfance.

À la fin de l'année scolaire, un long voyage de trois heures en bateau à vapeur les amenait à la Pointe Platon et réunissait enfin toute la famille pour l'été. Que de moments heureux : les repas, les soirées et les inévitables pirouettes au moment d'aller au lit...

Durant l'été, ils retrouvaient le *Bird's Nest Cottage*, où logeaient les poules, et leurs lapins qui gambadaient librement partout sur le site. À cette époque, rien n'arrêtait ces petits mammifères, qui, dressés sur leurs pattes de derrière, dégustaient à toute heure du jour les arbustes et les fleurs des aménagements situés à l'avant de la Maison. À tel point que

sir Henri avait dû faire clôturer le potager pour le protéger…

La configuration des lieux et leur utilisation différaient alors sensiblement de l'allure qu'ils ont aujourd'hui. En plus de ses vastes carrés de légumes, le potager accueillait une serre où sir Henri s'adonnait à la culture de vignes. L'étang était animé par la présence de canards Aylesbury et d'une paire d'oies blanches Bremen. Quant au sentier qui ramenait vers la Maison, il traversait alors le verger.

Les vacances à la Pointe Platon constituaient, pour les enfants comme pour les adultes, une succession d'activités plus agréables les unes que les autres : piques-niques, parties de pêche au doré ou de chasse à la sauvagine, promenades au moulin, marches en forêt ou

encore baignades dans le fleuve. Et tous les soirs, chacun prenait le temps d'écrire et d'illustrer sa journée dans son journal de vacances.

△ Le parterre devant la Maison à la fin du XIXᵉ siècle.

▽ En 1899, les enfants de sir Henri se retrouvent à la Pointe Platon pour les vacances.

Edmond-Gustave

Le fils de sir Henri et petit-fils de Pierre-Gustave se prénomme Edmond-Gustave. Il suit les traces de son père et, après des études en droit, devient membre du barreau. Pendant un certain temps, il travaille comme associé dans un bureau de la basse-ville de Québec, avant de fonder le cabinet Joly de Lotbinière et Joly de Lotbinière avec son père, alors en congé de la vie politique. En 1885, il épouse à Québec Lucy Geils Campbell ; le couple a un enfant, Alain.

Edmond-Gustave est une personne aux multiples intérêts et talents. Comme son père, il est un ardent défenseur de la conservation des forêts ; il agira comme président de l'Association forestière canadienne. De son grand-père Pierre-Gustave, il a hérité de la passion pour la photographie ; il développe ses clichés dans le petit laboratoire situé derrière la Maison. Sa nomination à la présidence du Sportsmen's Fish and Game Protective Club de Québec témoigne de son goût pour la chasse et la pêche. «Admirateur des arts», il aide, entre autres, la Société symphonique de Québec.

Tandis que son père vit au loin, retenu par ses obligations politiques, Edmond-Gustave le seconde dans l'administration de la seigneurie et du Domaine dont il assure la gestion journalière. Ils entretiennent alors une correspondance assidue.

Ayant hérité de la courtoisie et de l'amabilité de son père, il est très apprécié comme administrateur et seigneur de Lotbinière. Décédé subitement à l'âge de 52 ans, il est très regretté de tous.

▽ *Edmond-Gustave (debout à droite) seconde de son père, sir Henri, dans la gestion du Domaine et de la seigneurie.*

Monsieur Alain et son épouse, Madame Agnès

À la mort d'Edmond-Gustave en 1911, c'est son fils unique, Alain Joly de Lotbinière (« Monsieur Alain »), qui devient le nou-

veau seigneur de Lotbinière. À cette époque, il courtise une jeune fille de la Caroline du Nord, Miss Agnes Slayden. En 1912, le jeune couple se marie. Ils établissent leur résidence sur l'avenue des Pins à Montréal et passent la belle saison à la Maison de Pointe Platon. De leur union naîtront trois filles et un garçon.

Lors de sa première visite à la Pointe Platon, Madame Agnès est étonnée de trouver une maison qui, selon ses dires, est un véritable camp de pêche et de chasse, décoré de têtes d'animaux à cornes naturalisées. L'année suivante, elle fait réaliser une série de rénovations intérieures et extérieures qui donneront bientôt à la Maison le cachet qu'on lui connaît aujourd'hui.

Plus tard, en 1933, Madame Agnès entreprend une seconde phase de travaux d'aménagement intérieur. Elle désire donner une nouvelle vocation aux pièces de l'annexe en y ajoutant de magnifiques boiseries d'inspiration Louis XV et des portes françaises qui s'ouvrent sur le soleil couchant. Depuis, les divisions de la Maison n'ont pas été modifiées.

Pour assurer le bon fonctionnement de la « Grande Maison », Madame Agnès peut compter sur le soutien d'une gouvernante, d'une cuisinière, de huit jeunes filles de la région qui y travaillent comme servantes et d'une *nanny* pour s'occuper des jeunes enfants.

Tout au long de la belle saison, Madame Agnès et Monsieur Alain reçoivent des invités d'Angleterre, de France et des États-Unis. À tour de rôle, leurs amis viennent profiter de la tranquillité de ce domaine reconnu comme « l'un des plus beaux jardins dans l'est du Canada ».

Le jardin à l'époque de Monsieur Alain et de Madame Agnès

Ingénieur forestier de formation, Monsieur Alain continue le travail de recherche amorcé par son père et son grand-père. Sur le site, il plante de nouvelles variétés d'arbres et, dans le Laboratoire, il étudie le monde des abeilles et procède à des expériences en agronomie et en horticulture. Près de la Maison du jardinier, le Jardin d'expériences est réservé aux essais de croisement de céréales, de légumes — pomme de terre bleue et haricot vert — et de fleurs.

De 1911 à 1930, le jardin subit quelques changements. Par exemple, dans l'aménagement situé à l'avant de la Maison, le tertre est agrémenté de plates-bandes de géraniums ceinturées d'hydrangées. Le tennis qui se trouvait près du Nid des amoureux prend désormais place sous les noyers noirs de sir Henri. De même, la clôture qui délimitait le Jardin est enlevée et remplacée par une longue haie de cèdres. À la même époque, le verger de pommiers situé à l'est de la Maison est supprimé pour céder la place à une immense pelouse qui descend doucement jusqu'au Jardin.

En 1931, la famille apporte quelques nouvelles modifications aux aménagements paysagers. Au Jardin, Madame Agnès fait ajouter de magnifiques plates-bandes de vivaces le long de l'allée principale, ce qui dimi-nue de beaucoup la superficie du potager. Dans un des carrés du Jardin, elle installe son *Cutting Garden*. Comme son nom l'indique, c'est à cet endroit que l'on cultive les fleurs à couper — glaïeul, dahlia simple, reine-marguerite et autres — pour fleurir la Maison.

Puis, en 1932, une transformation majeure est apportée : Madame Agnès demande que l'aménagement situé à l'avant de la Maison soit défait et que tout cet espace soit converti en pelouse. Ici et là, sous les grands arbres centenaires, sont installées des chaises de jardin afin que les membres de la famille et leurs invités puissent se détendre et profiter de l'ambiance exceptionnelle des lieux.

△ ▽ *Les aménagements floraux à l'avant de la Maison, à l'époque de Monsieur Alain et de Madame Agnès.*

Un employeur d'importance

Dans la région, du début au milieu du XXe siècle, la famille Joly de Lotbinière est un acteur économique important. Sur la seigneurie de Lotbinière, les exploitations du moulin à scie, du moulin à farine et, plus tard, des fours à charbon de bois donnent de l'emploi à une cinquantaine de personnes. À la Pointe Platon, en plus du personnel nécessaire à l'entretien de la Maison et des jardins, on compte un régisseur et des aides pour l'exploitation de la ferme expérimentale, un gardien du quai, un capitaine de bateau et deux chauffeurs.

Tous les gens qui ont travaillé pour la famille Joly de Lotbinière gardent d'excellents souvenirs de cette époque.

△ *Monsieur Alain devant le moulin à farine seigneurial, construit en 1816.*

Perpétuer la tradition

**Monsieur Edmond,
le dernier seigneur**

Au décès de Monsieur Alain en 1954, c'est son fils, Monsieur Edmond, qui devient seigneur de Lotbinière. Sa carrière diplomatique l'amène à occuper les postes de chef de cabinet suppléant et de sous-chef de cabinet auprès des très honorables Vincent Massey et Georges Vanier, gouverneurs généraux, ainsi que le poste de premier secrétaire au haut-commissariat du Canada à Londres et celui de gentilhomme huissier supplémentaire auprès de la reine, de 1961 à 1966. De retour au pays, il est nommé directeur administratif du gouverneur général et assure les liaisons quotidiennes avec le palais de Buckingham. En 1982, Monsieur Edmond reçoit pour ses loyaux services l'ordre de Victoria de Sa Majesté la reine Élisabeth II.

D'illustres invités

Les Joly de Lotbinière accueillent à leur résidence de villégiature de Pointe Platon plusieurs visiteurs importants. Citons, notamment, le duc de Connaught et sa fille, la princesse Patricia, en 1914 ; l'épouse et la fille de sir Winston Churchill, premier ministre britannique, ainsi que le premier ministre canadien William Lyon Mackenzie King, en 1936 ; l'impératrice Zita, épouse du dernier empereur d'Autriche, durant la Seconde Guerre mondiale ; la duchesse de Kent et sa fille, la princesse Alexandra, en 1954. De plus, au cours de leur séjour estival à la citadelle de Québec, tous les gouverneurs généraux viennent faire une visite au domaine de la Pointe Platon. Séduits par la beauté naturelle et l'harmonie du domaine, ces invités prestigieux le décrivent en termes élogieux.

Un nouveau propriétaire

En 1967, désireux d'étendre son administration sur la seigneurie et le Domaine, le gouvernement du Québec en acquiert les titres de propriété par expropriation. Ce passage des terres seigneuriales à la propriété publique met fin à un régime en vigueur pendant près de trois cents ans. C'est ainsi que s'éteint l'une des dernières seigneuries du Québec.

Pendant près de trente ans, plusieurs ministères se partagent la gestion du Domaine. C'est à partir de 1984 que trois organismes offrent, à tour de rôle, des services d'animation chaque été.

La Fondation du Domaine Joly-De Lotbinière

En 1997, le gouvernement manifeste le souhait de se départir du Domaine et encourage les gens de la région à le prendre en charge. Ces derniers se mobilisent donc et créent la Fondation du Domaine Joly-De Lotbinière. Le 30 mars 1998, la Fondation devient propriétaire du Domaine. Fière de cet héritage à partager, elle poursuit depuis lors sa mission de préservation, d'éducation et de mise en valeur, afin d'assurer la pérennité de ce joyau du patrimoine national pour le bénéfice des générations présentes et futures.

△ *Monsieur Edmond (à droite), en compagnie de son père, Monsieur Alain, et de sa mère, Madame Agnès.*

◁ *Mauve (Malva sylvestris 'Zebrina').*

▷ *Rudbeckie pourpre (Echinacea purpurea) et véroniques (Veronica longifolia).*

L'arrivée au Domaine

Sur la route de Pointe Platon

On parvient au Domaine Joly-De Lotbinière en quittant la route panoramique 132 pour prendre celle de Pointe Platon. Dès que l'on pénètre sur les terres du Domaine, le paysage se transforme. Rappelant les petites routes de campagne que l'on retrouve en France, une série d'arbres matures se rejoignent pour former une voûte, procurant aux visiteurs une douce fraîcheur. La route est bordée de longs peupliers de Lombardie (*Populus nigra*) à l'al-

lure fragile, mais dont l'âge vénérable — plus de quatre-vingts ans — signale l'indéniable ténacité. Ils sont ensuite remplacés par des alignements d'érables à sucre (*Acer saccharum*) et de chênes rouges (*Quercus rubra*) qui mènent jusqu'aux portes d'entrée du Domaine.

L'Allée sous les arbres

De magnifiques portes de bois, découpées de feuilles d'érable et pre-nant appui sur des colonnes de pierre, accueillent les visiteurs au Domaine. Ce portail s'ouvre sur une allée bordée, encore une fois, de chênes et d'érables.

Au kiosque d'entrée, les préposés à l'accueil fournissent aux arrivants les informations susceptibles de les aider à profiter pleinement de leur visite des jardins et de leur promenade en forêt ou vers le fleuve. Utile complément d'information, une brochure éducative leur est remise, où se retrouvent quelques mots d'histoire, le plan du site et la liste d'identification des milliers de taxons de végétaux présents dans les jardins.

△   *Jeunes feuilles de chêne rouge (Quercus rubra).*

◁ △   *Le portail par lequel les visiteurs pénètrent aujourd'hui dans le Domaine est semblable au portail d'origine que l'on retrouve près de la Maison.*

31

des arbres indigènes et, de l'autre, par un alignement d'érables à sucre. En marchant, on longe la Prairie ronde, un champ de fleurs ceinturé d'une clôture dont les poteaux sont coiffés de petits chapeaux. De l'autre côté de l'allée, un boisé composé de bouleaux blancs, de pruniers sauvages, de chênes et d'érables offre aux plantes du sousbois un milieu frais et ombragé favorable à leur épanouissement. Plusieurs variétés de plantes indigènes se disputent les lieux, tels la

Tout comme jadis, les visiteurs suivent pour se rendre à la Maison une longue allée curviligne ombragée. Elle est bordée, d'un côté, par

cardamine, le gingembre sauvage et quelques fougères. Parmi elles, la plus jolie est sans doute la capillaire du Canada (*Adiantum pedatum*), dont les frondes délicates sont disposées sur un pétiole en demi-lune. Au fil des saisons, il fait bon longer ce sous-bois qui exhale ses riches odeurs.

Au détour de l'allée, un second portail, plus ancien celui-là, marque l'entrée du jardin romantique aménagé par la famille Joly de Lotbinière à partir du milieu du XIXe siècle.

Une ambiance du XIXe siècle

Quelques pas suffisent pour que les visiteurs ressentent le romantisme des lieux. Plusieurs ont également dit, pour illustrer le caractère solennel de ce jardin, qu'entrer au Domaine c'était comme « entrer dans une cathédrale verte ».

Les majestueux noyers noirs dominent le paysage. Les longues branches de ces géants plantés au XIXe siècle ombragent des espaces gazonnés où étaient autrefois aménagés un terrain de tennis et un boulingrin pour jouer au croquet. En fermant les yeux, on peut encore entendre le rire des jeunes gens qui participaient aux tournois de tennis, ce qui donnait lieu à d'agréables fêtes champêtres. Aujourd'hui, lors d'événements festifs, les invités sont

◁ *Dès l'arrivée au Domaine, les remarquables noyers noirs plantés par sir Henri à l'automne 1882 accueillent les visiteurs.*

accueillis au même endroit sous un romantique chapiteau blanc.

Ensuite s'étend une grande pelouse, parsemée de pâquerettes (*Bellis perennis*) et traversée par une allée que bordent deux longues plates-bandes fleuries. Elle rejoint plus bas un alignement d'arbres composé de noyers noirs, d'un chêne et d'un pin d'Écosse (*Pinus sylvestris*). Du second portail aux bâtiments, le sous-bois est recouvert de pervenches (*Vinca minor*) auxquelles se mêlent quelques plantes indigènes, comme les trilles (*Trillium erectum*), les actées blanches (*Actaea alba*) et les poisons de couleuvre (*Actaea rubra*). Enfin, à quelques pas du Cot-

tage, l'ancienne résidence des serviteurs, un bosquet de pruches du Canada (*Tsuga canadensis*) marque l'entrée du sentier qui mène à la Forêt domaniale.

▷   *Nid de guêpes.*

▽   *Noyers noirs centenaires.*

La Forêt domaniale

Sur la terrasse supérieure de la Pointe Platon, un sentier mène les visiteurs au cœur de l'érablière, reconnue comme un écosystème forestier exceptionnel. Ceux qui souhaitent entreprendre cette promenade doivent prévoir environ une heure pour en goûter le charme, tout à fait unique en automne.

Cette forêt mature abrite des géants âgés de près de deux siècles. Personne ne peut rester indifférent devant la taille de ces chênes rouges (*Quercus rubra*). Plus loin se dressent, des deux côtés du sentier, des hêtres à grandes feuilles (*Fagus grandifolia*), qui se distinguent par leur écorce lisse gris pâle. Ils font les délices des enfants qui, en les touchant de part et d'autre du sentier, disent avoir l'impression de se frayer un chemin à travers les pattes d'un troupeau d'éléphants. Toujours accompagnés des bruits de la forêt, les marcheurs découvrent plusieurs autres habitats naturels, dont une frênaie de frênes noirs (*Fraxinus nigra*) et une sapinière éclairée par une abondance de bouleaux jaunes (*Betula alleghaniensis*). Comme ces deux peuplements forestiers préfèrent les milieux marécageux, les visiteurs les traversent en franchissant des passerelles. Une promenade en ces lieux d'une grande majesté permet de découvrir une flore et une faune indigènes riches et diversifiées.

◁ De gauche à droite :
le tronc lisse du hêtre
à grandes feuilles
(Fagus grandifolia) ;
un écureuil roux ;
un petit prêcheur
(Arisaema triphyl-
lum) ; le couvert
forestier composé
d'érables à sucre
(Acer saccharum)
et de chênes rouges
(Quercus rubra) ;
le sous-bois envahi
de fougères
au printemps.

▽ Le sentier serpente
à travers un
peuplement de hêtres
à grandes feuilles.

37

La Maison de Pointe Platon

Tel un joyau serti dans son écrin de verdure, l'immense demeure de villégiature s'intègre harmonieusement au paysage. Ses deux étages ont été agrémentés de larges galeries, généreusement ornées de « dentelles », qui permettent de profiter de la nature à l'ombre du toit. En façade, l'escalier monumental invite à entrer

dans la demeure pour la visiter. Dès le vestibule, cette maison d'été manifeste son caractère hospitalier. Les hauts murs, la disposition des pièces et la chaleur qui s'en dégage incitent les visiteurs à poursuivre leur incursion dans cette magnifique demeure d'un autre siècle. Partout au rez-de-chaussée, les boiseries naturelles contribuent à créer une atmosphère feutrée et discrète qui invite au silence. On pourrait presque entendre les voix des dames et des messieurs en tenue de soirée qui devisaient dans la salle à manger et dans le grand salon. Une oreille attentive croirait même entendre crépiter le feu dans le grand foyer de pierre de la bibliothèque.

À l'étage sont regroupées les chambres des maîtres, des enfants et des invités. Ces pièces, d'où émane un charme douillet, possèdent un atout irrésistible : chacune d'elles est dotée d'une vue imprenable sur les parterres, les jardins et le fleuve.

Les visiteurs seront heureux d'apprendre que, depuis une quinzaine d'années, les appartements de Madame abritent une galerie d'art et sont les hôtes d'une série de concerts estivaux les dimanches matin.

Les dépendances

Aux abords de la Maison se dressent plusieurs bâtiments réservés au service, tous nécessaires au bon fonctionnement d'une si grande demeure. Le plus important de tous est sans doute le Cottage, qui était, au temps des seigneurs, la résidence des serviteurs. Aujourd'hui, il accueille le café-terrasse et les sanitaires. Durant l'été, de magnifiques épilobes à feuilles étroites (*Epilobium angustifolium*), des potées fleuries et des boîtes à fleurs

regroupant une grande variété de plantes aromatiques ornent la terrasse du petit café.

Derrière le Cottage, adossés pour la plupart à l'escarpement, s'échelonnent la Remise à voiture, le Poulailler, l'Abri à bois et, un peu plus loin, le Laboratoire près duquel poussent quelques chênes à gros fruits (*Quercus macrocarpa*). C'est dans ce dernier bâtiment que Monsieur Alain a réalisé ses expériences de croisement sur différentes variétés de céréales et de légumes, comme la pomme de terre bleue qu'il cultivait au jardin.

▷ *La porte d'entrée du Poulailler.*

▽ *Le Cottage des serviteurs.*

Frises et dentelles

Tous les bâtiments de cet ensemble à l'architecture unique présentent une ornementation représentative de l'influence du mouvement pittoresque. Ce courant du XIXe siècle tendait à établir une relation harmonieuse entre l'architecture et la nature. Savamment disposés au cœur de ce paysage exceptionnel, les bâtiments contribuent ainsi, dans une large mesure, à imprimer au Domaine son caractère romantique.

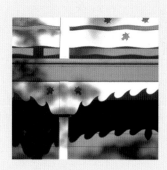

Les alentours de la Maison

L'épinette de Norvège

À l'ouest de la Maison, une pelouse monte doucement jusqu'à un très grand bouleau blanc, qui s'est fortement incliné au fil des ans. Tout en bas de cet amphithéâtre naturel, les visiteurs découvrent une immense épinette de Norvège (*Picea abies*), que l'on dit être la plus extravagante du pays. En effet, en touchant le sol, ses branches inférieures ont pris racine par marcottage naturel et donné naissance à de nouvelles épinettes. L'une d'elles est aujourd'hui aussi haute que sa mère. Vers l'arrière, d'autres branches plongent vers la terre puis s'élancent vers le ciel, ce qui fait dire aux enfants que, sous ses bras gigantesques, l'épinette leur a construit une maison magique, pleine de mystère.

À quelques mètres, une autre épinette de Norvège pointe encore plus haut vers le firmament. Les rameaux de ses longues branches surplombent le chemin de la Côte blanche, autrefois utilisé par la famille et ses invités pour descendre jusqu'au bord de l'eau.

Le parterre devant la Maison

Dessiné par sir Henri en 1899, le parterre s'étend jusqu'à un petit plateau. Dans cet aménagement, une place de choix a été réservée aux rosiers. Ainsi, à mi-chemin, deux sentiers contournent un tertre qui accueille une centaine de rosiers arbustifs (*Rosa* 'Bonica') enchevêtrés d'innombrables verveines de Buenos Aires (*Verbena bonariensis*). En contrebas, quatre petites plates-bandes aux formes arrondies présentent, pour les unes, les rosiers anciens 'Duchesse d'Istrie', 'Baron Girod de l'Ain' et 'Black Prince' et, pour les autres, des rosiers sauvages (*Rosa glauca*). Sur le plateau, adossée à une haie de cèdres, une longue plate-bande accueille, comme au temps des seigneurs, des pieds-d'alouette (*Delphinium* cvs.), des pivoines (*Paeonia lactiflora*), des iris barbus (*Iris* 'Wabash' et *I.* 'Rose Violet'), des œillets (*Dianthus gratianopolitanus*) et une grande sélection de plantes annuelles.

Ce parterre est bordé à l'est par une allée d'érables qui mène au Jardin. Juste avant d'entrer dans ce dernier, une épinette blanche (*Picea glauca*) et une majestueuse épinette bleue du Colorado centenaire (*Picea pungens*) veillent sur un petit kiosque

◁ Une rose (*Rosa* rugosa '*Hansa*').

◁ Fleurs de delphinium (*Delphinium* 'Blue Bird Group*').

◁ Le bouleau blanc (*Betula papyrifera*) incliné par les ans.

▷ L'épinette de Norvège (*Picea abies*) aux branches plongeant dans le sol.

43

de bois rond surnommé le Nid des amoureux. De cet endroit, les visiteurs peuvent, en prenant un peu de repos, admirer le fleuve et avoir une magnifique vue d'ensemble sur le jardin. Au printemps, le pourtour du kiosque se couvre de jonquilles (Narcissus 'King Alfred'), de graminées indigènes et de plusieurs centaines de Chionodoxa luciliae.

△ Le Nid des amoureux.

▷ Campanules des jardins (Campanula media 'Calycanthema') et myosotis des Alpes (Myosotis alpestris).

Le Jardin

Une tonnelle de bois en forme d'ogive marque l'entrée de ce jardin aux mille couleurs et parfums. Les promeneurs qui s'engagent sur le sentier qui ceinture cet espace longent la Plate-bande blanche qui éclaire une haie de cèdres. Ils découvrent ensuite, non loin de là, le paisible Étang aux castors. En poursuivant, ils ne pourront qu'être séduits par la beauté naturelle d'une mince plate-bande regroupant des roses trémières (*Alcea rosea*), des pivoines (*Paeonia lactiflora*), des lys (*Lilium* 'Vivaldi'), des *Anchusa* et plusieurs autres variétés de fleurs qui embaument l'air pendant tout l'été.

Ceux qui choisissent de marcher dans l'axe principal peuvent admirer, de part et d'autre de l'allée, quatre longues plates-bandes de fleurs qui ont été aménagées selon les plans (1931) d'un architecte-paysager

▷ *Ancolies communes* (Aquilegia vulgaris).

▷ *L'allée de vivaces du Jardin vers 1930 et aujourd'hui.*

montréalais, Robert G. Campbell. Elles accueillent entre autres ces belles d'autrefois que sont les pivoines, les phlox paniculés (*Phlox paniculata*), les œillets (*Dianthus gratianopolitanus*), les *Liatris spicata*, les pieds-d'alouette et les boules azurées (*Echinops ritro*).

Au cœur du Jardin, à la croisée des deux allées principales, les visiteurs découvrent un cadran solaire déposé sur une vieille meule du moulin seigneurial. À cet endroit convergent les sentiers conduisant vers l'un ou l'autre des quatre grands carrés de dimensions variées qui composent ce jardin. C'est là qu'ont été aménagés le Potager à l'ancienne, le Potager des curiosités, le Jardin des fleurs à couper et le Jardin des sens. Chacun fait l'objet d'une description plus détaillée dans les pages qui suivent.

Tout au long de la saison, les floraisons qui se succèdent offrent aux promeneurs un éventail de couleurs et de parfums qui leur donne le goût d'explorer tout à loisir le Jardin.

△ *Roses trémières* (Alcea rosea).

◁ *Lupins (*Lupinus polyphyllus).

▽ *Pavot oriental (*Papaver orientalis).

Le Potager à l'ancienne

Cet aménagement honore la vocation historique de l'ensemble du Jardin : la culture légumière. On y cultivait autrefois des épinards rouges (*Atriplex hortensis* 'Rubra'), des pommes de terre bleues (*Solanum tuberosum* 'All Blue'), des asperges (*Asparagus officinalis*), des carottes et bien d'autres légumes afin d'approvisionner les cuisines de la Maison. Aujourd'hui, ce potager présente d'anciens cultivars de légumes représentatifs de l'histoire des cultures potagères régionales.

Le Potager des curiosités

Moins traditionnel que le précédent, ce potager pique la curiosité. Son aménagement change au fil des ans, mais on peut être sûr d'y découvrir des plantes rares et méconnues. Figuier (*Ficus carica*), caroubier (*Ceratonia siliqua*) et théier (*Camelia sinensis*) peuvent ainsi y côtoyer les groseilliers, gadelliers et bleuetiers qui nous sont plus familiers. À ce voisinage peu commun se mêlent quelques fleurs comestibles et des fines herbes qui rivalisent de coloris et de formes avec les diverses laitues, les choux de Savoie, la moutarde rouge (*Amaranthus tricolor*) et le chou chinois. Au gré des nouveautés, des réussites et des échecs, ce jardin offre chaque année aux promeneurs curieux de nouvelles découvertes.

▷ *Tomates et choux*
(Brassica oleacera *gr.* capitata).

La Plate-bande blanche

Cette longue plate-bande s'inspire des grands jardins monochromes réalisés en Angleterre au début du XXe siècle, notamment celui de Sissinghurst conçu par la poète anglaise Vita Sackville-West. Comme son nom l'indique, ce jardin se compose de végétaux offrant toute la gamme des blancs, du blanc crème au blanc le plus pur, en passant par les feuillages glauques, argentés ou encore panachés aux tons ivoire. Dans ce jardin harmonieux, qui invite au repos, une attention toute particulière est apportée aux formes, aux textures et à la subtilité des teintes. Parmi les dizaines de taxons qu'on y retrouve, les longues branches arquées, épineuses et d'un blanc argenté, du *Rubus thibetanus* 'Silver Fern' attirent

les regards en se détachant sur le vert de la haie de cèdres. Le *Persicaria polymorpha*, dont la floraison s'étend de juin à septembre, s'impose également par sa hauteur et ses larges panicules plumeuses blanc crème. À chaque saison, les végétaux rivalisent de beauté. Le *Fothergilla major*, qui se couvre au printemps de magnifiques inflorescences blanches et soyeuses, et qui arbore à l'automne un feuillage glauque tournant au jaune lumineux, en est un bel exemple.

△ *De gauche à droite : pavot (*Papaver anomalum album*), delphinium (*Delphinium 'Galahad Group'*), incarvillée (*Incarvillea delavayi*) et campanule des Carpates (*Campanula carpatica*).*

Le Jardin des fleurs à couper

Nommé ainsi en l'honneur du *Cutting Garden* de Madame Agnès, ce jardin se compose de huit plates-bandes qui accueillent une étonnante diversité d'arbustes, de rosiers arbustifs et de plantes herbacées, annuelles et vivaces. Un souci de coloriste guide leur plantation, puisque chacune d'elles est censée représenter une section du cercle chromatique ou destinée à permettre une association de couleurs bien précise. Pour le plaisir des yeux, un *Helenium* 'Bruno' s'associe à merveille avec un arbuste aux sept écorces (*Physocarpus opulifolius* 'Diabolo'), des panics effilés rouges (*Panicum virgatum* 'Rotstrahlbush'), des *Achillea filipendulina* et des euphorbes pourpres (*Euphorbia dulcis* 'Chameleon').

Cet agencement aux tons chauds et stimulants contraste avec les

douces combinaisons pastel présentes à l'autre extrémité du jardin. Chaque saison apporte sa profusion de couleurs et de parfums. Ainsi, pour ne citer que quelques variétés, en été les *Plectranthus argentatus* côtoient des *Phlox paniculata* 'Fairest One' et des *Achillea sibirica* var. *camtschatica* 'Love Parade', alors que les *Aster laevis* 'Bluebird', les gentianes (*Gentiana triflora* var. *japonica*) et les *Panicum virgatum* 'Prairie

Sky' profitent des derniers chauds rayons de soleil de l'automne pour s'épanouir.

▵ *De haut en bas : une digitale d'Afrique du Sud (Ceratotheca triloba) et deux variétés de sauge (Salvia patens 'Cambridge Blue' et Salvia forskaohlei).*

▷ *Pages suivantes : vue d'ensemble du Jardin au printemps.*

Le Jardin des sens

S'inspirant des tracés simples des jardins médicinaux de l'époque médiévale, ce jardin abrite en sa partie centrale une plate-bande circulaire où se fait entendre le doux murmure d'une fontaine. Il est conçu pour ravir tous nos sens. Les fleurs qui s'y retrouvent allient la beauté de leurs formes à la richesse de leurs textures, la richesse de leur parfum à leurs qualités gustatives particulières. De beaux exemples : le *Lippia dulcis* dont les feuilles rappellent le goût du sucre, le *Cosmos atrosanguineus* aux fleurs pourpres veloutées, ainsi que les géraniums (*Pelargonium* 'Chocolate Peppermint') qui dégagent un arôme de chocolat. En été, le spectacle qu'offre la floraison des lavandes anglaises (*Lavandula angustifolia*), joint au parfum qu'elles dégagent, est tout simplement enchanteur. Plusieurs autres plantes participent à cette harmonie de couleurs, de formes, de textures et de parfums : pensons notamment aux fleurs en forme de marguerite de l'*Anthemis* 'Sauce Hollandaise' et à celles de l'*Allium caeruleum* et du *Nepeta sub-*

sessilis. Légèrement à l'écart, un seringat (*Philadelphus* x *virginalis*) auquel s'agrippe un précieux *Aconitum volubile* aux fleurs bleu violacé en fin de saison se laissera découvrir par un œil plus averti ou attentif. Plusieurs ails décoratifs, tels l'*Allium tuberosum*, l'*Allium atropurpureum* et l'*Allium shoenoprasum* (la ciboulette commune) ajoutent leur touche à ce jardin bien particulier qu'il faut découvrir tous sens éveillés.

△ *Delphinium* (Delphinium *'Black Night Group'*).

◁ *Cardère* (Dipsacus fullonum).

▽ *Le Jardin des sens en juin.*

Un lieu calme et serein

L'Étang aux castors

Ce plan d'eau doit son nom aux castors qui, à l'état sauvage, y auraient élevé un barrage. À la fin du XIXe siècle, les seigneurs en ont modifié le tracé et l'ont entouré d'un muret de pierres sèches. Ils y ont également fait construire un pont de bois rond et une retenue d'où s'écoule un mince filet d'eau. Des plantations d'arbres et une plate-bande de hostas viennent ajouter au charme

et au romantisme du lieu. De nos jours, c'est avec ravissement que les visiteurs qui s'attardent sur le pont découvrent une splendide vue d'ensemble du jardin, tandis que l'eau paisible de l'étang leur renvoie l'image d'un frêne rouge (Fraxinus pennsylvanica) et d'un bosquet de bouleaux blancs (Betula papyrifera). Par moments également, les canards, les martins-pêcheurs, les poissons, les ouaouarons et toute une multitude d'insectes viennent troubler les nénuphars en fleurs qui se balancent alors au gré des ondulations de l'eau.

▽ *Au centre de l'étang, une cabane permet aux canards d'être à l'abri des renards pendant la nuit.*

Les Plates-bandes d'ombre

Entre la Remise à outils et le Kiosque à lecture, deux plates-bandes ombragées se parent de fougères, de *Corydalis solida*, d'azalées, de rhododendrons (*Rhododendron* cvs.) et d'hellébores (*Helleborus niger*, *H. foetidus* et *H. x sternii*). Ces derniers produisent leur délicate floraison dès la fonte des neiges. Pour l'amateur averti, le plus joli des petits prêcheurs, l'*Arisaema sikokianum*, porte une inflorescence unique aux contours pourpres et au cœur blanc satiné.

Un magnifique noyer noir étend ses branches au-dessus du Kiosque à lecture. De la clôture qui longe la falaise, un panorama unique s'ouvre sur le fleuve. On peut également admirer, sur la terrasse inférieure, le Clos Saint-Laurent où de vieux peupliers de Lombardie (*Populus nigra*) s'alignent fièrement en bordure du sentier qui mène au fleuve.

▽ *Azalée* (Rhododendron *'White Lights'*).

△ *Primevères du Japon* (Primula japonica).

▽ *Le Kiosque à lecture, un lieu paisible pour admirer sur le fleuve.*

Le Bocage

Ce lieu frais et ombragé héberge des centaines de plantes naturalisées. Dès les premières semaines du mois de juin, la centaurée des montagnes (*Centaurea montana*), le muguet des bois (*Convallaria majalis*), le myosotis, les scilles et les crocus le ponctuent de blanc, de bleu et de jaune. Plusieurs chênes à gros fruits (*Quercus macrocarpa*) centenaires y côtoient des épinettes et des pins blancs.

△   *Myosotis.*

La naturalisation

Au Domaine, la présence ancienne de jardins a permis au muguet de coloniser les sous-bois et les falaises. La centaurée des montagnes a envahi le Bocage, les pâquerettes se sont dispersées sur les pelouses, et la pervenche s'est insérée entre les capillaires du Canada et le gingembre sauvage (*Asarum canadense*). Ces « échappées de culture » que l'on retrouve dans les milieux naturels sont souvent considérées à tort comme des plantes indigènes.

La Maison du jardinier et sa serre

Un majestueux alignement de chênes blancs (*Quercus alba*) amène les visiteurs vers la Maison du jardinier et sa serre. Jusqu'au milieu du XXᵉ siècle, le jardinier et sa famille habitaient en permanence cette maison. Aujourd'hui, elle accueille les stagiaires qui travaillent au jardin. Comme les couches chaudes et froides qui étaient aménagées à ses côtés, cette ancienne serre à la structure de bois recouverte de carreaux de verre servait à forcer les petits légumes de primeur, tels que les pommes de terre bleues et les laitues, pour le 24 juin, jour de l'arrivée de Madame Agnès et des enfants au Domaine. Récem-

ment restaurée, la serre est réservée à la production et à la vente de végétaux rares et méconnus.

En bordure de cette allée de chênes se situe le Jardin d'expériences. C'est à cet endroit que Monsieur Alain faisait ses essais de croisement sur les végétaux. Depuis quelques années, ces plates-bandes font office de pépinière : des essais de rusticité y sont pratiqués et on y cultive également plantules et plantes mères.

◁ *Lupin* (Lupinus polyphyllus).

Quercus, autre chose, autrement

Depuis quelques années, le Domaine offre à ses visiteurs passionnés d'horticulture un nouveau service ; il s'agit de Q*uercus, autre chose, autrement*, un point de vente de végétaux rares et méconnus. Tous les profits de ce service à but non lucratif sont réinvestis dans le développement des jardins du Domaine.

Chez *Quercus*, du début de mai à la fin de septembre, un personnel courtois et dévoué renseigne les amateurs et les professionnels qui s'arrêtent pour dénicher, parmi les quelque deux cents variétés de végétaux présentes, des plantes qu'il est souvent difficile de trouver ailleurs.

De nouveaux jardins

Le Jardin d'auges de plantes alpines

Composé de seize auges rectangulaires aux dimensions variées et aux contours arrondis, ce nouveau jardin accueille une collection de plantes miniatures conifères, graminées, bulbes et plantes de milieux alpins. Le sol, tantôt acide, tantôt alcalin, plaît aux *Ramonda myconi* var. *alba*, à l'*Adonis vernalis*, aux diverses gentianes (*Gentiana verna* subsp. *balcanica*, *G. sino-ornata* 'Azurstern', *G.* x *macaulayi* 'Kingfisher') et aux draves (*Draba rigida* var. *imbricata*, *D. acaulis*, *D. cappa-docica*). Ces petites merveilles méritent que l'on s'y attarde tout au long de la saison, même si leur floraison est essentiellement printannière.

La Prairie ronde et ses jardins

Un sentier gazonné guide ensuite les visiteurs vers la Prairie ronde, un vaste pré fleuri de près de deux hectares. Les jardins nouvellement aménagés en bordure de cet espace méritent le déplacement. Ils offrent un spectacle qui se transforme au gré des saisons.

Non loin de l'entrée se trouvent le Jardin des rhododendrons et, à quelques pas, celui des bruyères. Le sentier qui se poursuit mène les visiteurs vers le Pavillon. Après une pause dans cet abri calme et accueillant, le Jardin méditerranéen qui l'entoure leur réserve d'étonnantes découvertes, tels l'*Halimodendron halodendron*, des penstemons (*Penstemon albertinus*, *P. fructicosus*, *P. pinifolius* 'Mersea Yellow'), des oignons décoratifs (*Allium altissimum* 'Goliath', *A. karataviense* 'Ivory Queen') et autres thyms, sauges, lavandes et graminées.

Pour découvrir le Jardin de sous-bois, les promeneurs prennent un plus petit sentier. Ils longent alors un étang bordé d'arbres, d'arbustes à fleurs et de plantes des milieux humides. Le plan d'eau abrite des nénuphars (*Nymphaea* cvs.) et de gracieux lotus sacrés (*Nelumbo nucifera*). Entre les bosquets d'aulnes et les pins blancs, un ruisselet coule doucement pour rejoindre l'Étang aux castors du Jardin. Les feuillages denses offrent la fraîcheur et l'humidité nécessaires aux plantes de ce sous-bois.

Ainsi, dans ces nouveaux jardins, rhododendrons, magnolias, primevères et fougères côtoient des plantes rares provenant des quatre coins du monde. Bénéficiant d'une couverture de neige abondante qui les protège des froids intenses, ces jardins plaisent à un nombre impressionnant de plantes que l'on croirait de prime abord peu aptes à survivre dans un tel lieu.

Au sortir de cette ombre fraîche, après seulement quelques pas, les visiteurs peuvent de nouveau admirer le Jardin romantique.

△ *Azalée* (Rhododendron *'Mandarin Lights') et fougères.*

△ *Lavande anglaise (*Lavandula angustifolia).

Hommage aux seigneurs
de Lotbinière

L'Allée seigneuriale

Ces deux longues plates-bandes ont récemment été aménagées afin de rendre hommage aux seigneurs de Lotbinière qui nous ont laissé en héritage ce magnifique jardin. Choisis pour leurs couleurs et leurs parfums, les digitales, les rosiers arbustifs de variétés diverses, les pieds-d'alouette, les lys orientaux (Lilium 'Casablanca', L. 'Hit Parade' et L. 'Kyoto') et autres vivaces herbacées et ligneuses s'épanouissent tout au long de la saison. Empreinte de douceur et d'élégance, l'Allée seigneuriale où dominent les bleus, les blancs et les roses n'est pas sans rappeler les tableaux de certains impressionnistes.

▷ *Iris barbus :* Iris cv. *(à gauche, en haut) ;*
I. 'Wabash' *(à gauche, en bas) ;*
I. variegata *(à droite).*

Le Sentier du fleuve

Les visiteurs qui désirent prolonger leur promenade peuvent maintenant emprunter la Côte blanche pour descendre jusqu'au fleuve. Un panorama magnifique les y attend et l'excursion leur réserve bon nombre de découvertes.

Les plantations de noyers noirs

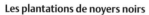

En descendant la Côte blanche, on aperçoit, du côté du fleuve, les fameuses plantations de noyers noirs du Domaine.

Passionné par les arbres depuis son jeune âge, sir Henri a réalisé sur la seigneurie plusieurs expériences arboricoles, dont l'une au Domaine, en 1874, sur le noyer noir (*Juglans nigra*). Cet arbre, très recherché pour son bois brun foncé, avait une valeur commerciale supérieure à celle de tous les arbres indigènes du Québec. Fier des résultats, sir Henri a entrepris, à l'automne 1882, la plantation de dix mille noix de noyer noir de quatre provenances différentes, trois du Canada et une des États-Unis. Cette nouvelle expérience lui a valu bien des railleries de ses confrères de l'Association forestière américaine, qui ne croyaient pas en son projet. Un ami lui écrivait même «qu'il n'obtiendrait jamais assez de bois pour en fabriquer un petit coffre».

Pourtant, une centaine d'arbres ont réussi à s'acclimater. Ils sont aujourd'hui centenaires. L'expérimentation de sir Henri n'a donc pas été vaine puisqu'elle a permis à Louis

Parrot, professeur à l'Université Laval, de réaliser il y a trente ans une nouvelle expérience à partir des cinq noyers centenaires qui avaient le mieux résisté au climat.

Aujourd'hui, il y a au Domaine presque autant de jeunes noyers que de noyers centenaires, et la nouvelle génération étonne par sa vitalité. Dressant fièrement leurs cimes sur les bords du Saint-Laurent, ces arbres démontrent que sir Henri avait raison de croire que « l'un des secrets dans la vie est de planter avec soin et de cultiver avec persévérance ». La plantation de noyers noirs du Domaine est toujours reconnue comme la plantation la plus âgée et la plus septentrionale d'une essence feuillue noble en Amérique du Nord.

△ Feuillage de marronnier d'Inde (Aesculus hippocastanum).

▽ Noix de noyer noir.

▽ Feuilles de Ginkgo biloba.

« L'un des secrets dans la vie est de planter avec soin et de cultiver avec persévérance. »

En devenant propriétaire du Domaine, la Fondation a fait sienne la devise de sir Henri. Elle s'efforce de l'appliquer à sa mission de conservation, d'éducation et de mise en valeur du Domaine. Ainsi, au fil des ans, en plus de ses essais en horticulture, la Fondation poursuit le travail de recherche en arboriculture amorcé par sir Henri en testant sur le site la rusticité de nouvelles variétés d'arbres.

Depuis cinq ans, plusieurs variétés se sont donc ajoutées à la collection d'arbres du Domaine : des marronniers, des chênes, des magnolias, des caryers, un métaséquoia de Chine, un arbre aux quarante écus (Ginkgo biloba), un noisetier de Byzance, un hêtre commun, un robinier faux-acacia et un arbre liège de Chine. Tous ces jeunes arbres côtoient les noyers noirs, l'épinette bleue du Colorado, les épinettes de Norvège, le pin d'Écosse et autres variétés anciennes implantées par la famille de Lotbinière.

Après plus de cent cinquante ans d'histoire, ce jardin sur le fleuve est aujourd'hui un site historique classé, reconnu comme l'un des plus beaux jardins au pays.

Un accès privilégié au fleuve

Au pied de la côte, le sentier se divise pour, d'un côté, remonter vers le portail du Domaine et rejoindre l'aire de stationnement et, de l'autre, poursuivre vers le fleuve en suivant les ondulations d'un petit cours d'eau où poussent quenouilles (*Typha angustifolia*), salicaires (*Lythrum salicaria*) et impatientes du Cap (*Impatiens capensis*). Tels d'imperturbables gardiens, d'immenses pins blancs (*Pinus strobus*) centenaires protègent des vents froids de l'hiver les plantations de noyers noirs (*Juglans nigra*). Plusieurs vignes sauvages (*Vitis riparia*) en quête de lumière accrochent leurs vrilles aux hautes branches des pins. De l'autre côté, d'imposants peupliers de Lombardie bordent le Clos Saint-Laurent où poussent, pendant la belle saison, marguerites (*Chrysanthemum leucanthemum*) et verges d'or (*Solidago canadensis*).

▽ *Au bout du quai, exposé à tous les vents, se dresse un orme d'Amérique.*

Un spectacle inoubliable

Le paysage qui se dresse maintenant devant le visiteur laisse bouche bée tant il est spectaculaire. D'immenses falaises gris ardoise, hautes de soixante mètres, se profilent à l'horizon. À leur pied, une plage de galets forme une courbe gracieuse qui vient mourir sur les ruines du vieux quai.

Le phénomène des marées sur « le fleuve aux grandes eaux » transforme les paysages à chaque heure du jour. Lorsque la marée baisse, les battures de schiste se découvrent et de nombreuses chaînes de roches apparaissent au large qui semblent garder le fleuve dans son lit. À marée haute, c'est un tout autre décor qui s'offre à nous, tandis que les battures sont envahies par l'eau du fleuve jusqu'au pied des falaises. On a peine à imaginer qu'il a fallu des centaines de millions d'années à Dame Nature pour composer un paysage d'une telle magnificence.

L'ambiance est magique. Seul le cri des mouettes vient rompre ce silence intemporel. En marchant sur la plage à marée descendante, le regard des promeneurs est de nouveau attiré par les grandes falaises. Quand on s'approche de ces hauts murs sombres, le bruissement des petits éboulis surprend et pique la curiosité, invitant à lever les yeux vers le ciel. C'est là, au sommet, que l'on découvre de gros cèdres de l'est (*Thuja occidentalis*) accrochés à la falaise avec obstination. Une pause permet d'embrasser du regard le fleuve, la rive nord, la pointe et la silhouette du vieux quai en ruine.

La réserve écologique de Pointe Platon

Les réserves écologiques ont pour mission de préserver les milieux naturels exceptionnels. Elles sont, au Québec, la propriété du ministère de l'Environnement, et seules les personnes autorisées peuvent y accéder. Celle de Pointe Platon a pour mandat « d'assurer la protection des communautés naturelles représentatives des milieux humides de l'estuaire fluvial du Saint-Laurent, dans la région de Québec, lequel est soumis au jeu des marées ».

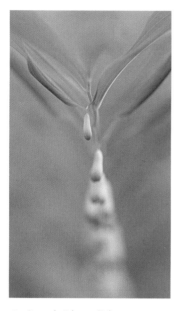

△ *Sceau-de-Salomon* (Polygonatum pubescens).

Au retour, une légère brise empreinte des effluves toujours changeants du fleuve rejoint les promeneurs qui marchent sur la grève. Près du vieux quai, ils aperçoivent de grosses roches aux formes arrondies, d'une nature très différente de celles qui forment les falaises. Ce sont les glaciers qui, il y a environ cent mille ans, ont arraché aux montagnes du nord ces énormes roches granitiques et les ont transportées jusqu'ici. À marée basse, elles font le plaisir des petits, qui, après les avoir escaladées, ont le sentiment de régner sur le paysage.

Un milieu grouillant de vie

Protégées par la pointe des forts courants et des vents dominants, les battures sont recouvertes des riches alluvions transportées par le fleuve. Les plantes, principalement du scirpe américain (*Scirpus americanus*), partagent cet exceptionnel écosystème d'eau douce avec des amphibiens, des mammifères, des oiseaux et des insectes. Gracieuses, plusieurs mouettes virevoltent et se nourrissent des petits poissons qui nagent à la surface de l'eau.

En marchant sur la plage de sable, les visiteurs découvrent en bordure du marais les empreintes laissées par les cerfs de Virginie venus s'abreuver au fleuve et par les bécasseaux, bécassines et maubèches branle-queue qui mangent les insectes et petits crustacés vivant sur le rivage. Au printemps et à l'automne, pendant les périodes de migration, les canards, les oies blanches et les bernaches du Canada s'arrêtent par milliers au marais pour manger et se reposer.

En remontant par le même chemin, à l'ombre des peupliers de Lombardie, on retrouve le carrefour où aboutit la Côte blanche. Il faut tourner à gauche pour rejoindre le portail et l'aire de stationnement. Tout au long de ce sentier, un mélange de plantes naturalisées et de plantes indigènes pousse librement. Les sceaux-de-Salomon (*Polygonatum pubescens*), les centaurées des montagnes (*Centaurea montana*) et les muguets des bois (*Convallaria majalis*), qui se sont échappés de leurs plates-bandes d'origine, côtoient ainsi les achillées (*Achillea millefolium*), les asclépiades (*Asclepias syriaca*) et les aralies à grappes (*Aralia racemosa*).

3

ANNEXES

Le Domaine
et son avenir

Le succès que connaît le Domaine Joly-De Lotbinière depuis les dernières années encourage la fondation qui en est propriétaire à poursuivre la mise en valeur de ses richesses. Pour accomplir sa mission, la Fondation du Domaine Joly-De Lotbinière désire poursuivre la restauration de son patrimoine bâti, proposer de nouvelles expositions, élaborer des programmes éducatifs, développer ses collections végétales et mettre en valeur ses milieux naturels — la Forêt domaniale, le marais et les plantations de noyers noirs.

Afin de trouver les sommes nécessaires à la réalisation de tous ses projets, la Fondation a entrepris une vaste campagne de financement sous le thème « Fiers d'un héritage à partager », où elle invite les individus et les entreprises à s'associer à la mise en valeur et au rayonnement de ce joyau du patrimoine national.

Si vous désirez soutenir la Fondation et l'aider à poursuivre son travail, vous pouvez le faire en faisant un don, en commanditant une exposition ou une activité, ou encore en devenant membre des Amis du Domaine (www.domainejoly.com). C'est ensemble que nous parviendrons à assurer la pérennité de ce site unique et à faire en sorte qu'il demeure l'un des plus beaux jardins du pays.

Le Domaine et sa région

La région de Lotbinière, qui abrite les terres du Domaine, mérite que l'on s'y attarde pour bien la découvrir. Située sur la rive sud, à l'ouest de Québec dont elle n'est séparée que par trente minutes de route, et à moins d'une heure de Trois-Rivières, la région de Lotbinière fait partie de la grande région touristique de la Chaudière-Appalaches.

En sillonnant ses routes en voiture ou en vélo, vous serez charmés par la beauté des paysages champêtres et des maisons ancestrales, et par la richesse de son passé vieux de plus de trois cents ans. Pour vos vacances ou pour une excursion, nous vous convions à venir découvrir, en famille ou entre amis, l'authenticité et la beauté de notre région.

La Côte-de-Lotbinière

Tout au long de votre balade sur la route panoramique 132, vous serez accueillis dans des villages qui portent l'empreinte du régime sei-

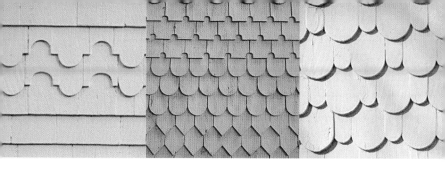

gneurial tandis que s'offriront à vous de magnifiques vues sur le Saint-Laurent. Vous prendrez plaisir à découvrir les témoins du savoir-faire architectural de nos ancêtres que sont les manoirs, les moulins, les maisons de pierre ou de bardeau décoratif ornées de dentelle, les églises, les chapelles, les calvaires...

Lors de votre visite sur la Côte, après vous être attardés au Domaine et à ses jardins, ne manquez pas d'aller visiter, quelques kilomètres plus loin, deux joyaux de la municipalité de Lotbinière : l'église Saint-Louis, qui date de 1818 et dont l'intérieur mérite qu'on s'y arrête, et le Moulin du Portage (1816).

Les lieux d'hébergement de la région sont accueillants et les restaurants vous invitent à une fête des saveurs dans des décors chaleureux. Partout, vous rencontrerez des gens passionnés — guides chargés de faire découvrir les attraits de la région, artisans ou antiquaires. Les activités ne manquent pas, des festivals aux sorties en kayak sur le fleuve. Devant les étalages de nos produits du terroir, vous ne pourrez résister à la tentation de faire provision de petits fruits, pommes et cidres, pains et pâtisseries, miels et hydromels, gelées et confitures, fromages et produits fins de canard.

▽ Le chœur de l'église Saint-Louis de Lotbinière.

△ Bardeaux décoratifs.

△ Une maison victorienne de Saint-Antoine-de-Tilly.

Sur les pas des Irlandais

Pour retracer ce passé, il faut visiter le sud de la région jusqu'au pied des Appalaches, en prenant la route 269 bordée de vallées fertiles et de collines verdoyantes. Nommée « chemin Craig », cette route vallonnée était autrefois utilisée pour se rendre de Québec à Boston. N'hésitez pas à sortir des sentiers battus, vous y découvrirez des paysages uniques. Sur les bords de la rivière Palmer, les amoureux de la nature prendront le temps de faire une balade, un pique-nique ou tenteront l'expérience du camping sauvage aux chutes de Sainte-Agathe. Un milieu naturel à découvrir !

À chaque saison, la région de Lotbinière offre une grande variété d'activités de loisir et de découverte. Venez vivre des expériences inoubliables. Venez goûter et découvrir Lotbinière !

Bienvenue et bonne visite !

▽ Pamphile Le May dans ses Contes vrais décrit les paysages de la Côte-de-Lotbinière : « Je revenais de Sainte-Croix par le Platon. Ce chemin n'est pas le plus court, mais on ne se lasse jamais de le parcourir. Il longe des hauteurs si pittoresques, il offre des échappées de vue si ravissantes, il perce des bois si sombres, qu'il donne aux yeux une fête toujours nouvelle. »

Bibliographie

Les principales sources consultées pour réaliser ce guide ont été les Fonds de la famille Joly de Lotbinière, aux Archives nationales du Québec. S'y ajoutent les entretiens avec les membres de la famille et les anciens membres du personnel, ainsi que les photographies d'époque appartenant à la famille.

Jacques Cartier, *Relations*, Presses de l'Université de Montréal, 1986, p. 147.

Œuvres de Champlain, présentées par Georges-Émile Giguère, Éditions du Jour, Montréal, 1973, volume 1, p. 90-91.

Eleanor Brown, « Les premières images par daguerréotype au monde — le photographe canadien Pierre Gustave Gaspard Joly de Lotbinière », *The Archivist / L'Archiviste*, n° 118, 1999, p. 22-29.

Marc Gadoury, « Sir Henri Gustave Joly de Lotbinière : Visionnaire et promoteur de la conservation des forêts, au Québec, à la fin du XIXe siècle », Thèse de maîtrise ès arts, Université Laval, 1998, 95 p.

France Gagnon Pratte, *L'architecture et la nature à Québec au dix-neuvième siècle : les villas*, Ministère des Affaires culturelles, Musée du Québec, 1980, 334 p.

Pour en apprendre davantage sur les membres de la famille Chartier et Joly de Lotbinière qui ont œuvré au sein des gouvernements de la Nouvelle-France et du nouveau régime après la Conquête, consulter le *Dictionnaire biographique du Canada*, Presses de l'Université Laval, Québec.

Crédits photographiques

Les photographies de ce guide ont été réalisées par Louise Tanguay.

Les photographies historiques proviennent des fonds suivants :

p. 7 : Sir Henri (Archives nationales du Québec / N676-86, détail) • p. 12 : Julie-Christine Chartier de Lotbinière (ANQ / 84-8-15, détail) ; Pierre-Gustave Joly (ANQ / 84-8-14, détail) • p. 14 : Le moulin à scie de Sainte-Emmelie-de-Leclercville (Coll. Domaine Joly-De Lotbinière) • p. 15 : L'Étang aux castors, circa 1899 (Coll. Domaine Joly-De Lotbinière) • p.16 : La Maison de Pointe Platon (Archives photographiques Notman, Musée McCord d'histoire canadienne, Montréal / MP-0000.1769.1) • p. 17 : Pierre-Gustave Joly (ANQ / 84-8-14) ; Le Temple du soleil à Baalbec (Coll. Centre Canadien d'Architecture, Montréal / CAGE M8 132) • p. 18 : Sir Henri en 1894 (Archives photographiques Notman, Musée McCord d'histoire canadienne, Montréal / II-104013) • p. 19 : Sir Henri et sa famille (ANQ / GH 770-2, détail) • p. 22 : Le parterre devant la Maison, fin XIXe siècle (Coll. Domaine Joly-De Lotbinière) ; Les enfants de sir Henri (Coll. famille Joly de Lotbinière) • p. 23 : Edmond-Gustave et son père (Coll. famille Joly de Lotbinière) • p. 24 : M. Alain (ANQ / N 77-11-11-1, détail) ; Mme Agnès et les enfants en 1915 (Archives photographiques Notman, Musée McCord d'histoire canadienne, Montréal / II-207210, détail) • p. 25 : Une invitée devant le parterre (Coll. famille Joly de Lotbinière) ; Le jardinier-horticulteur, ses aides et un invité, circa 1930 (Coll. du Domaine Joly-De Lotbinière) • p. 26 : M. Alain devant le moulin du Portage (Coll. du Domaine Joly-De Lotbinière) • p. 28 : M. Alain, Mme Agnès et leur fils, M. Edmond (Coll. Domaine Joly-De Lotbinière) • p. 31 : Les portes d'entrée du Domaine (ANQ / N 84-8-23) • p. 46 : Les allées du Jardin, circa 1930 (MAC 85.162.22 (35)).

Illustrations

p. 1, 9, 29 et 79 : Feuilles et fruits de noyer noir, ill. Clodin Roy (Coll. Domaine Joly-De Lotbinière) • p.10 : Les Amérindiens de la préhistoire à la Pointe Platon, ill. Clodin Roy (Coll. Domaine Joly-De Lotbinière) • p.11 : Plan du Domaine de la Pointe Platon (Coll. famille Joly de Lotbinière) • p.13 : Armoiries de la famille de Lotbinière, banc seigneurial église de Saint-Michel-de-Vaudreuil • p. 14 : Un bateau à vapeur près du quai du Platon, dessin de sir Henri (Coll. famille Joly-De Lotbinière) • p. 20 : Sir Henri participant à la fête des Arbres, peinture sur meuble de Ginette Leblond (Coll. Domaine Joly de Lotbinière) • p. 21 : Aquarelles tirées des journaux de vacances de 1899 (Coll. famille de Lotbinière-Blyth) • p. 26 et 27 : Aquarelle de la fille de sir Henri, Mathilda (Mic), le 21 septembre 1899 (Coll. famille de Lotbinière-Blyth).

Index

16 Grands Jardins de Normandin

Tout récemment créés, ces jardins proposent sur 55 ha un panorama de l'art des jardins à travers les siècles : jardins français et anglais, jardin des herbes, potager décoratif, tapis d'Orient. On y compte pas moins de 65 000 plants de fleurs annuelles. Sentiers boisés.

1515, avenue du Rocher / Normandin

(418) 274-1993 / Sans frais : 1 800 920-1993
www.lesgrandsjardinsdenormandin.com
Ouvert de la fin juin à la mi-septembre
Entrée avec tarification

17 Seigneurie des Aulnaies

Un magnifique manoir de style victorien (1853), un moulin (1842) et un jardin ornemental sont les joyaux de ce domaine qui font revivre la vie seigneuriale au XIXe siècle dernier. Un jardin de fleurs (vivaces) d'inspiration française, des plates-bandes, un jardin utilitaire, une pinède, une roseraie, des plantations d'arbres et d'essences fruitières ainsi que des sentiers pédestres. Café-terrasse, guides en costumes d'époque, visites guidées et nouvelle exposition historique multimédia.

525, rue de la Seigneurie / Saint-Roch-des-Aulnaies

(418) 354-2800 / Sans frais : 1 877 354-2800
www.laseigneuriedesaulnaies.qc.ca
Ouvert de la mi-juin à la mi-octobre
Entrée avec tarification

18 Roseraie du Témiscouata

Jouxtant le fort Ingall (1839), construit sur les rives du lac Témiscouata, cette roseraie met en valeur 1200 rosiers arbustifs, grimpants, couvre-sols et buissonnants, issus de 250 variétés et espèces botaniques pour la plupart rustiques. Jardin d'accueil, jardin classique (labyrinthe), jardin anglais, jardin didactique.

81, rue de Caldwell / Cabano

(418) 854-2375
www.roseraie.qc.ca
Ouvert de la fin juin à la fin septembre
Entrée avec tarification

19 Jardins de Métis

Ces jardins d'une beauté exceptionnelle se nichent au confluent de la rivière Mitis et du fleuve Saint-Laurent. Ce paradis végétal égrène les splendeurs de quelque 3000 espèces et variétés de plantes indigènes et exotiques sur plus d'un kilomètre de littoral. Un ruisseau aux abords luxuriants conduit le visiteur à différents jardins. Les Jardins de Métis sont aussi un lieu ouvert à la création contemporaine avec la présentation du Festival international de jardins, forum unique d'innovation dans le domaine du design de jardin.

200, Route 132 / Grand-Métis

(418) 775-2221
www.jardinsmetis.com
Ouvert de juin à octobre
Entrée avec tarification

12 Domaine Maizerets

Propriété du Séminaire de Québec de 1705 à 1979, ce parc urbain largement boisé couvre aujourd'hui une superficie de 27 ha et comprend, en plus du manoir (classé monument historique), un arboretum, un marécage entouré de plantes aquatiques et divers jardins. Animations artistiques et culturelles.

2000, boulevard Montmorency / Québec

(418) 691-2385 / (418) 691-7842
Ouvert toute l'année
Entrée libre

13 Parc des Champs-de-Bataille

Ce vaste parc (108 ha) occupe le site de l'affrontement, en 1759, des armées française et anglaise, l'un des événements militaires les plus marquants de l'histoire de l'Amérique. Outre ses milliers d'arbres, il compte de nombreuses mosaïques et un joli jardin floral (vivaces), le jardin Jeanne-d'Arc, qui allie les styles français et anglais. Centre d'interprétation, nombreuses animations. Dans le parc, qui jouxte la Citadelle, se trouve le Musée du Québec.

835, avenue Wilfrid-Laurier / Québec

(418) 648-4071
www.ccbn-nbc.gc.ca
Ouvert toute l'année
Entrée libre pour le parc et le jardin

14 Maison Henry-Stuart

Inspiré du naturalisme anglais, un charmant jardin comprenant une roseraie entoure ce petit cottage construit en 1849. Le jardin et la maison sont classés monuments historiques. Les intérieurs sont authentiques des années 1920. Visite guidée agrémentée du service du thé.

82, Grande-Allée Ouest / Québec

(418) 647-4347 / Sans frais : 1 800 494-4347
www.cmsq.qc.ca
Ouvert toute l'année
Entrée avec tarification

15 Parc du Bois-de-Coulonge

Avec son site, la beauté et la diversité de ses arbres, son patrimoine et ses aménagements, le parc du Bois-de-Coulonge se classe au palmarès des plus beaux jardins du Québec. Son entretien, réalisé par des horticulteurs chevronnés selon des critères élevés, en fait un site exemplaire qui reprend ses lettres de noblesse et redevient un haut lieu de l'horticulture au Québec, comme il l'était au milieu du XIXe siècle, dans la tradition des jardins paysagers anglais.

1215, chemin Saint-Louis / Sillery

(418) 528-0773 / Sans frais : 1 800 442-0773
commission@capitale.gouv.qc.ca
Ouvert toute l'année
Entrée libre

8. Parc Marie-Victorin

Serti dans la campagne des Bois-Francs, le Parc Marie-Victorin (12 ha) fut inauguré en 1985 pour commémorer le centenaire et l'œuvre du Frère Marie-Victorin (1885-1944) natif de Kingsey Falls. La visite de ses cinq magnifiques jardins vous permettra d'admirer notamment de superbes mosaïques en trois dimensions et de profiter totalement de la nature. Sur les berges de la rivière Nicolet, un belvédère est spécialement aménagé pour la détente et l'observation.

385, rue Marie-Victorin / Kingsey Falls

(819) 363-2528 / Sans frais : 1 888 753-7272
www.ivic.qc.ca/mv
Ouvert de mai à octobre
Entrée avec tarification

9. Domaine Joly-De Lotbinière

Immense parc-jardin romantique aménagé au milieu du XIXᵉ siècle, le Domaine Joly-De Lotbinière est reconnu comme l'un des plus beaux jardins du Québec. Oasis de paix et de beauté, le Domaine vous propose une rencontre avec l'histoire et la nature, une balade sous les arbres centenaires, des jardins aux mille couleurs et parfums, une marche en forêt, une aventure au fleuve, et plus encore.

Route de Pointe Platon / Sainte-Croix

(418) 926-2462
www.domainejoly.com
Ouvert du début mai à la mi-octobre
Entrée avec tarification

10. Villa Bagatelle

Cette splendide villa inspirée de l'architecture rurale du XIXᵉ siècle témoigne de l'influence des cottages américains. Dans son jardin à l'anglaise, sous le couvert de grands arbres où coule un ruisseau paisible, on peut admirer des plantes rares et un choix de végétaux de sous-bois qui met en valeur le potentiel horticole de nos plantes indigènes. Cet ensemble saura plonger le visiteur dans l'univers du mouvement pittoresque.

1563, chemin Saint-Louis / Sillery

(418) 681-3010
www.quebecweb.com/cataraqui/fondation.html
Ouvert toute l'année
Entrée libre

11. Jardin Roger-Van den Hende

Ce jardin didactique de 6 ha, rattaché à l'Université Laval, possède 2000 espèces et cultivars qui ont la particularité, unique en Amérique du Nord, d'être regroupés par familles botaniques. Il comprend un jardin d'eau, une collection de plantes herbacées et de rhododendrons, un arboretum et une roseraie. Visites commentées pour groupes seulement.

Université Laval, Pavillon de l'Environtron
2480, boul. Hochelaga / Sainte-Foy

(418) 656-3410
www.crh.ulaval.ca/jardin
Ouvert de la fin avril à la fin septembre
Entrée libre

4 Parc Jean-Drapeau

Au milieu du Saint-Laurent, près du centre-ville de Montréal, le parc Jean-Drapeau est reconnu pour la splendeur de son site et pour ses événements internationaux. Il comprend les jardins de l'île Notre-Dame, façonnés lors des Floralies internationales de 1980, les boisés et les bâtiments patrimoniaux de l'île Sainte-Hélène. Parmi ses principales attractions : une collection de plantes grasses et succulentes, la maison québécoise et son jardin fleuri, une collection d'art public et de nombreuses fontaines.

1, Circuit Gilles-Villeneuve / Montréal

(514) 872-6120
www.parcjeandrapeau.com
Ouvert toute l'année
Entrée libre

5 Jardin du Gouverneur

Ce site exceptionnel, en plein cœur du quartier historique de Montréal, abrite un des rares exemples de jardin urbain du XVIe-XVIIe siècle. On y retrouve un espace potager, des arbres fruitiers, des plantes aromatiques, médicinales et d'agrément. Le Jardin du Gouverneur forme une ceinture autour du Musée du Château Ramezay, une résidence datant du régime français. Café-terrasse et animation historique.

Musée du Château Ramezay
280, rue Notre-Dame Est / Montréal

(514) 861-3708
www.chateauramezay.qc.ca
Ouvert toute l'année
Entrée libre au jardin

6 Jardin Daniel A. Séguin

Ouvert au public depuis cinq ans, cet ensemble de jardins à vocation didactique, rattaché à l'Institut de technologie agro-alimentaire, regroupe sur 4,5 ha plusieurs sections thématiques : jardin français, jardins japonais et zen, jardin d'eau, jardin québécois d'antan. Collection de 350 variétés d'annuelles, mosaïcultures en trois dimensions et potager écologique. Visite guidée incluse dans le prix d'entrée.

3215, rue Sicotte / Saint-Hyacinthe

(450) 778-6504 poste 215 / En saison : (450) 778-0372
www.ita.qc.ca/jardindas
Ouvert de juin à septembre
Entrée avec tarification

7 À Fleur D'eau, parc floral

Dans la vallée de Dunham, situé dans un boisé, le parc floral « À Fleur D'eau » met en valeur une centaine de variétés de plantes aquatiques et de plantes des milieux humides. Dans un décor naturel, des sentiers sont aménagés et quatre lacs se rejoignent par des ruisseaux et des cascades. Dédié à la préservation du milieu aquatique, ce parc vous invite à la détente tout en découvrant l'environnement de l'eau et un sentier de 2 km en forêt.

140, Route 202 / Stanbridge East

(450) 248-7008
fleurdo@netc.net
Ouvert de juin à octobre
Entrée avec tarification

Jardins membres de l'AJQ

ASSOCIATION DES
JARDINS
DU QUÉBEC

Domaine Mackenzie-King (Parc de la Gatineau)

Situé au nord de Gatineau (Hull), ce domaine de 231 ha a été pendant près de 50 ans la résidence d'été de William Lyon Mackenzie King, dixième premier ministre du Canada. Les sentiers boisés, les chalets restaurés, les jardins romantiques, la pittoresque collection de ruines et l'élégant salon de thé Moorside vous enchanteront.

72, chemin Barnes Chelsea / Gatineau

(819) 827-2020 / Sans frais : 1 800 465-1867
www.capitaleducanada.gc.ca/gatineau
Ouvert de la mi-mai à la mi-octobre
Entrée avec tarification

Centre de la nature

À Laval, capitale horticole du Québec, le Centre de la nature constitue un magnifique exemple de carrière réhabilitée. Ce parc urbain, qui couvre 50 ha, possède une belle collection d'arbustes ornementaux, de plantes indigènes, d'annuelles et de vivaces.

901, avenue du Parc / Laval

(450) 662-4942
m.latour@ville.laval.qc.ca
Ouvert toute l'année
Entrée libre

Jardin botanique de Montréal

En plein cœur de Montréal, le Jardin botanique couvre plus de 75 ha. Il compte dix serres d'exposition et une trentaine de jardins thématiques extérieurs. Ses collections proviennent de tous les coins du globe. Parmi ses principales attractions : le tout nouveau jardin des Premières-Nations, la roseraie (10 000 rosiers), le jardin de Chine, le jardin japonais, l'arboretum (40 ha) et sa maison de l'arbre, ainsi que l'Insectarium. Visites guidées, expositions, ateliers horticoles, démonstrations pour tous les publics.

4101, rue Sherbrooke Est / Montréal

(514) 872-1400
www.ville.montreal.qc.ca/jardin
Ouvert toute l'année
Entrée avec tarification